Francis B Nyamnjoh
Stories from Abakwa
Mind Searching
The Disillusioned African
The Convert
Souls Forgotten

Dibussi Tande
No Turning Back. Poems of Freedom 1990-1993

Kangsen Feka Wakai
Fragmented Melodies

Ntemfac Ofege
Namondo. Child of the Water Spirist

Emmanuel Fru Doh
Not Yet Damascus
The Fire Within

Thomas Jing
Tale of an African Woman

Peter Wuteh Vakunta
Grassfields Stories from Cameroon

Ba'bila Mutia
Coils of Mortal Flesh

Kehbuma Langmia
Titabet and The Takumbeng

Ngessimo Mathe Mutaka
Building Capacity: Using TEFL and African languages as development-oriented literacy tools

Milton Krieger
Cameroon's Social Democratic Front: Its History and Prospects as an Opposition Political party, 1990-2011

Sammy Oke Akombi
The Raped Amulet
The Woman Who Ate Python

Susan Nkwentie Nde
Precipice

Francis B Nyamnjoh & Richard Fonteh Akum
The Cameroon GCE Crisis: A Test of Anglophone Solidarity

Joyce Ashuntantang & Dibussi Tande
Their Champagne Party Will End! Poems in Honor of Bate Besong

Majunga Tok:
Poems in Pidgin English

Peter Wuteh Vakunta

Langaa **Research & Publishing CIG**
Mankon, Bamenda

Publisher:
Langaa RPCIG
(*Langaa* Research & Publishing Common Initiative Group)
P.O. Box 902 Mankon
Bamenda
North West Province
Cameroon
Langaagrp@gmail.com
www.langaapublisher.com

ISBN: 978-9956-558-61-2

Dedication

These poems are a tribute to Lapiro de Mbanga alias Ndinga Man (=
Guitar Man). Born in Mbanga as Pierre Roger Sandjo Lambo, Lapiro de
Mbanga is a songwriter known for his satiric lyrics, criticizing politicians
and addressing social and economic injustice in Cameroon, Singing
mainly in Pidgin English, Cameroonian Creole, he is able to reach a
broad audience in all strata of society, especially those where his diatribes
are well received, i.e., the young urban unemployed, cart-pushers,
hawkers, *sauveteurs*, street sellers, *bayam sellam*, taxi and *bendskin* drivers.
Lapiro has earned the nickname *Président du petit peuple* or "President of
the struggling people" on account of his committed music.

Preface

Majunga Tok: Poems in Pidgin English is the poet's attempt at capturing the speech patterns of ordinary Cameroonians in written form. Pidgin English, also called broken English, is a lingua franca spoken not only in Cameroon but also in many West African countries, including Nigeria, Ghana, Sierra Leone and Liberia to name but a few. This poetry anthology is inspired by the poet's desire to salvage a language that has been subjected to multiple forms of denigration on account of it being oral. In Cameroon, for instance, Pidgin English has been the target of a myriad attacks from self-styled linguistic purists who claim that Pidgin is a bastardized variant of Standard English and, therefore, should not be allowed to thrive. This condescending attitude of speakers of Standard English stems from the fact that Pidgin is often associated with illiteracy. All too often, critics of Pidgin English regard pidginized expression as a debasement of standardized English.

The truth of the matter is that Pidgin English is the chief medium of communication for the great majority of Cameroonians. It sustains a world view, culture and way of life. Pidgin embodies concepts that would at best be partially expressed in formal English. A critical understanding of Pidgin English requires not only a thorough grasp of the socio-cultural matrix from which the words and expressions originate but also an immersion in an Afro-centric worldview. The debate over the elimination of Pidgin English, it seems to me, is a nonstarter, the more so because broken English, as it is commonly called, is the parlance of the proverbial man-in-the-street in many parts of Africa. It is rich, exciting and vigorous. It accommodates grammatical distortions. Oftentimes, these distortions are purposefully created for the sake of re-enacting personal or collective experiences.

There is an urgent need for African creative writers to overcome the paranoia of writing in Pidgin English. Pidgin plays a vital communicative role in the multi-faceted linguistic kaleidoscope in which we live. The Republic of Cameroon boasts well over 200 indigenous languages. None but Pidgin enjoys the privilege of being intelligible to virtually all Cameroonians. Pidgin is the language of business; it is the language of travel. It is also the language of courtship. It facilitates social intercourse among people who originate from different cultural and linguistic backgrounds. This is to say that we should not attempt to 'asphyxiate' Pidgin English on the flimsy excuse that Pidgin impedes proper mastery of standardized English. It does not. We have to learn to put Pidgin and Standard English at par in order to afford our most cherished lingo the opportunity to thrive. Such is the purport of this compendium of poems in Cameroonian Creole.

Contents

Grand Katika

Taim wey dis chop-broke-pot Katika
Yi be come for Etoudi
All man daso say weh,
Just now suffer done finish!
Grand Katika soso tell we say,
Renouveau! Renouveau!
Dat mean say,
New Deal! New Deal!

Day by day,
Grand Katika soso tell we say,
Rigueur et moralité.
Dat mean say,
Rigor and Morality,
Dat is to say,
Mek some man no tif ndoh.
Anyday, anyday we daso de hear say,
Redressement économique.
Dat is to say,
Economic Recovery.

Day no de pass wey Grand Katika
No tell we say just now na
Développement autocentré
Dat is to say,
Development Self-sufficiency

Just now we de wanda say,
Na wusai all dat shweet tok
Yi done go?
No be we daso de hear suffer?
No be we daso de hear poor?
No be we daso de fain wok we no de see'am?
No be we daso de wok dem no de pay we?
No be we daso de go hospita,
We no de see melecin?

Dat mean say:
Chop-broke-pot Katika
Yi own New Deal
Na daso Raw Deal!

Wata Pass Garri

Ma Broda,
Wata done pass garri for Ongola-oh!
Pipo dem de daso die like fly.
Dem say na 7+1 de tut dem go,
Na helele-oh!

Ma Sista,
Wata done pass garri for upkontry-oh!
Pipo dem de daso die like cockroach.
Dem say melecine done finish
For hospita,
Na helele-oh!

Ma Kombi,
Wata done pass garri for Ambasonia-oh!
Pipo dem de daso die like fish
Wey dem throway'am poison,
Dem say dem no get fain *diba* for drink,
Politik pipo done auction SNEC for mukala pipo.

Ma Man,
Kelen-kelen dei for Abakwa-oh,
Pipo for gomna dem done tif all moni
Go put'am for bank for Switzerland.
Na helele-oh!
Na some ma frog *complice*
Be tok say: *on va faire comment?*

Mimba We

Die man no de fear bury grong.
Man no die man no rotten.
Man wey yi dei for grong,
Yi no de fear for fall.
Na so the palava yi dei!

Djintete dem wey wuna dei for ontop stick,
Mek wuna mimba we dong pipo
forseka say if suffer pipo dem vex
yi go be na *ça gâte, ça gâte!*

Katika dem wey wuna dei for *pouvoir*,
Mek wuna mimba we grong pipo
forseka say if we cut rope
yi go be na chakara na chakara!

Grand dem wey wuna dei for up
Mek wuna mimba we *damnés de la terre*,
Dat mean say de *wretched of the earth*,
forseka say if we jump fence,
yi go be na *à tout casser!*
Dat be say we spoil all ting.

Mosquito

Some day been be/
Mr Mimbo Eye/
Yi go sule yi mimbo/
Sotai yi crish/
Na yi wey he de waka/
Kunya kunya de turn back/
For yi long/
Taim wey yi done reach for yi long/
Yi kop nye for nang/
But dis barlok mosquito/
Yi no greeng mek Mr. Mimbo Eye nang/
Nwing! Nwing! /
For yi ear/
Nwing! Nwing!/
For yi head/
Nwing! Nwing!/
For yi back bed/
Nwing! Nwing!
Ah! Ah!/
Na which kind barlok be dis no?/
Nwing! Nwing!/
For yi foot/
Nwing! Nwing!
Na wawawa-oh/
Nwing! Nwing!
Mr Mimbo Eye yi wakeup/
Go take yi cutlass/
Yi try for cut da mosquito/
But yi no fit see'am/
How wey jobajo too fullup for yi eye/
Nwing! Nwing!
Mr. Mimbo Eye yi throway cutlass/
Yi take axe but yi no fit see da mosquito/
How wey dark too di dey for long/
Nwing! Nwing!
Mr. Mimbo Eye yi throway axe/
Yi carry bucket for wata/
Yi throway'am for yi bed/
Nwing! Nwing!
Wata no catch da mosquito!/
Nwing! Nwing!
Na dat taim wey eye for Mr. Mimbo Eye cring/
Yi check for yi head/
Say pala-pala wit mosquito/
Na daso cry for swine/
Nwing! Nwing!

Just now Mr. Mimbo Eye/
Yi no fit nang/
How wey yi bed fullup wit wata/
Nwing! Nwing!
Mosquito na Barlok!/

America Wanda

Dem be tell me say
Mek I come see America Wanda.
Taim wey I keep ma foot for New York
I see wandaful ting:
Man pikin yi de chop mop
For ala man pikin!
I de wanda say na which
kain kontry be dis?

Dem be tell me say
Mek I come see America Wanda.
Taim wey I keep ma foot for Chicago
I see wandaful ting:
Woman pikin yi de chop mop
For ala woman pikin!
I de wanda say na which
kain kontry be dis?

Dem be tell me say
Mek I come see America Wanda.
Taim wey I keep ma foot for Texas
I see wandaful ting:
Strong man pikin dem de waka
wit cap for dem hand
dem de daso beg ndoh.
'Can I have your change?'
Na so dem de tok'am.

Dem be tell me say
Mek I come see America Wanda.
Taim wey I keep ma foot for Mississippi
I see wandaful ting:
Man pikin wit woman pikin dem
De waka daso wit gun for dem kwah
Ah ah! Na which kain kontry dis
Wey dem dei for wah any de taim?

Dem be tell me say
Mek I come see America Wanda.
Taim wey I keep ma foot for Philadelphia
I see wandaful ting:
Mukala mbele dem de tcha
metos dem go throway
for gata!

Bad Massa

Moni na fain ting;
Moni yi shweet like honey:
Moni de mek you de waka wit
youa head daso for up like mboma,
Moni man de dammer fain chop,
Moni de mek you sleep for fain hose,
Moni de mek you marred
fain ngondere.

BUT
Mek wuna sabi say
Moni no fit buy all ting.
Moni no fit buy pikin
Moni no fit buy glad;
Moni no fit buy peace;
Moni no fit buy sleep.

Some pipo dem de mimba say
If you get moni like san-san
You fit cosh sef king.
Dat one na daso foolish mimba.
Some pipo dem get moni like shit
But dem no fit sleep for nite,
Soso check! soso check!
Whai dem no fit take dat moni go buy sleep?

Moni de helep some pipo;
But moni no fit helep all man.
Mek wuna sabi sei
Moni na daso waka-man
Today, you get'am;
Tomorrow yi done commot.
Just now yi dei for youa hose,
Ala taim, yi dei for youa nebo yi hose.
No so moni yi dei!
Moni na fain kombe
But na popo bad massa.

Melecin For Sick

Melecin de for cough,
Yi dei for kata
Melecin de for fever,
yi dei for headache
Melecin de for backpain
yi de for belly-bite
Melecin de for hernia
yi de for diabetes
Melecin de for cancer
yi de for fainting sick.

But

Meke wuna sabi say
Melecin no de for all kain sick.
Worry no get melecin,
Melecin no de for kongossa
Poor no get melecin,
Melecin no de for foolish.
If you gif all kain melecin
for foolish man yi go daso foolish!
No be wuna sabi too say
Melecin no dei for die?
Mek wuna lef'am so
Na so dis grong yi dei.

Mami Wata

Mami wata dem
de for upside kain kain.
Marred woman wey yi no like
yi massa na mami wata

Mami wata dem
dei for upside full-up.
Woman wey yi like two
Man-pikin na mami wata

Mami wata dem
dei for upside taim no dei.
Woman wey yi no like yi pikin dem
Na mami wata

Mami wata dem
dei for upside like wata.
Woman wey yi no like for born pikin
Na mami wata

Mami wata dem
Dei for upside plenti.
Woman wey yi born pikin take'am
Throway for latrine
Na mami wata

Mami wata dem dei for any corner
for dis world
Mek wuna lookot!

Sick

Sick no be daso
De wan wey yi dei for youa skin.
Sick dei for upside
Kain by kain.

Tif man na sick man!
Forseka sei yi de take ting
Wey no be yi own.

Lie man na sick man
Forseka say yi de tok ting
Wey no be turu.

Langaa man na sick man.
Forseka say yi de chop ting
Wey no be yi own.

Mimbo-man na sick man
Forseka say yi de sule mimbo
Wey no be yi own
Dat mean say yi de drink mimbo njoh!

Akwara man-pikin na sick man
Forseka say yi *nyoxer* woman
Wey no be yi own.

Ashawo woman na sick woman
Forseka say yi de knack kanda
Wit man-pikin wey no be yi own.

Turu, turu, sick
Na waya–oh!

Bury Grong For Pikin

Wuna sabi dat big hose
Wey dem de call'am say
'Planned Parenthood'no?
dat place na bury grong
for *tchotchoro* dem .

Taim wey woman done waka waka
sote go tut beleh,
No for dei wey yi de go mek dem
Helep yi mouf di pikin!
Which kain woman dem be dat?
Na daso so dem de do'am
For all kain place for dis world.
Any day beleh daso loss
Pipo dem wanda sei
Na weti de pass.

Which side dat belleh wey
ma rese yi be get'am?
No be yi dong go mouf'am
for bury grong for pikin?

Which side dat belleh wey
ma deuxième *bureau*
Yi be get'am?
No be yi dong go mouf'am
for bury grong for *tchotchoro*?

Which side that belleh wey
Ma woman yi be get'am?
No be yi dong go mouf'am
for bury grong for njaka dem?
All dis barlok na daso wok
for 'Planned Parenthood'!

Mek wuna no knack skin
One day, one day
dat pipo dem for
Planned Parenthood
dem go pay for all dis bad wok wey
dem de do'am for God yi pikin dem!
Ninety-nine for tif man,
Daso one day for de owner.
Dis one no be nyama-nyama tok.
Na djim-djim panapou.

Bend Skin

Pipo dem for Bamenda,
Di one dem for Buea,
Pipo dem for Bafoussam,
Di one dem for Nkongsamba.
Pipo dem for Douala,
Di one dem for Yaounde,
Pipo dem for Kribi
Di one dem for Bertoua.
Pipo dem for Garoua
Di one dem for Maroua
Pipo dem for Ngoundere,
Di one dem for Batouri,
All Pipo dem for Ngola
Mek wuna no mek *erreur*!

No be wuna sabi dat ting
Wey dem de call'am say *bend skin*?
Bend skin no be daso dance:
Dat mean say dat kain dance
wey Tala André Marie
Be knack'am for ndinga,
Wey yi mek all man-pikin dem
wit woman-pikin dem for *Ngola*
dem loss dem head,
Dem de daso shake skin
Like say dem be ntumbu.
Bend skin na name for taxi for Ngola.
Bend skin na taxi for dong pipo,
Pipo wey dem own no dei.

Wheda you dei na for Kurumanjang,
Or you dei na for Muea,
You go daso see *bend skin*
Dem go take you sote
go keep you for youa long.
Bend skin dei for all kain kain
corner for Ngola just now!
No be dat one na fain ting?
Na dem say na condition mek
Njanga yi back bend!

Mukala dem pass we for helicopter;
We pass dem for *pousse-pousse*!

Oyibo dem pass we for aeroplane;
We pass dem for *bend skin*!

Diarrhoea

I mimba say wuna sabi
dat kain sick wey dem de call'am diarrhoea.
Diarrhoea na sick wey yi de mek you
daso run like frutambo go for latrine.
Diarrhoea yi de mek you no fit situp
for one place.
Soso run go backside like
Say na fire dei for you las.

But
Diarrhoea no be daso sick for belleh.
All politik pipo dem for Ngola
dem get sick for diarrhoea.
Dem own kain diarrhoea
na de one for lie lie tok,
Soso tok lie, soso lie!
Docta dem de call
Dat kain diarrhoea say
na diarrhoea for for 'two tok'
So-so tok lie, daso talk lie!
Tok one for here;
Tok two for there.
Na so politik pipo dem dei.
Dem no fit tok one tok!

Politik pipo dem de lie like tif dog!
Dem own lie dong pass mark.
Politik pipo dem de lie
For dem papa; dem lie for dem mami!
Politik pipo dem lie for dem broda;
dem lie for dem sista!

Dem see red call'am say blue,
Dem see black call'am say white,
Dem see rain call'am say sun!
Na so all politik pipo dem dei:
For Africa, for France, sef for America,
Politik pipo dem de tok daso one kain tok.
Yi dei like say na one mami born dem!
Na which kain sick be dis one-eh?

Politik man yi de change side
Like chameleon wey
yi de change yi color.
Politik woman yi de change side
Like say na woman wey yi de change yi dross.

Today yi dei for CPDM;
Tomorrow yi dei for SDF!
For nite yi dei fro MDC;
For morning taim yi dei for UPC!
I wanda which kain melecin
Docta dem fit gif'am
for helep dis pipo for dem sick.

Wou Sabi?

I no sabi de day wey meself I go go,
You no sabi de day wey youself you go go.
No be all we na daso waka pipo
for this grong?
All we de like waka pipo wey rain
meetup dem for some corner road,
dem fain some place situp daso de wait
mek da rain pass before dem
commot begin go side by side.
Na so we Francophone dem;
Wit Anglophone dem we dei for Ngola.

If we all na daso waka pipo
for dis grong,
weti mek we de knack head plenti so?
Some pipo dem de bend back forseka say dem sabi tok French.
Ala one dem de bend back forseka say dem sabi tok English.
French na youa kontry tok?
English na youa kontry tok?

Whai you no fit tok Mungaka?
Whai you ni fit tok Duala?
Whai you ni fit tok Medùmba?
Whai you ni fit tok Vengo?
Whai you ni fit tok Hausa?

Ma own pipo dem,
Mek wuna no knack skin for some tok
Wey no be wuna own,
Make wuna take'am *nayo-nayo*.
If dis tory shweet you,
Mek you knack'am
for youa own kontry tok;
Na so di palava yi dei.

Man Pass Man

I de wanda whai some pipo
dem de soso knack chess for nating.
You no fit get all ting for this grong.
You pass me for moni;
I pass you for poor!

You no fit pass me for all
ting for dis grong.
You pass me for ndoss;
I pass you for mou-mou!

God yi no fit gif you all
ting for this grong.
You pass me for kaku;
I pass you for pikin!

God yi no fit dash you all
ting for this grong.
You pass me for marred;
I pass you for kwankanda!

My own pipo dem,
Mek wuna no de knack skin
for nating.
All ting wey wuna get'am
na God yi one sabi
wusai wey yi commot.
All we na daso beg-beg pipo
for this grong.

Mek some man no tchook finger
For yi broda yi eye
Forseka Kaku.
you get'am today;
mek you no laugh youa broda;
forseka say taim wey
youa own go commot
na dat taim wey yi own go show head.
Na some massa be tok yi ting say
For dis grong no condition is permanent!

Mimbo-Eye

Wheda you de
drink na matutu,
palava yi no dei.
Ting wey yi wuo-wuo for mimbo
Na dat one wey
man de sule mimbo
sote loss yi sense!

Wheda you de
drink na matango,
palava yi no dei.
Ting wey yi de humbug,
na dis one wey
man de shark mimbo
Sote yi shit for trosa!

Wheda you de
drink na odontol,
wusai problem dei?
Ting wey yi de pass me,
na dis one wey
man de drink jobajo
sote yi go catch yi own woman
wit pikin dem for
hose yi knack'am like say
yi de pound na achu!
Na which kain craze be dat?

Wheda you de
drink na afofo,
Wheda you de
drink na kwacha,
Wheda you de
drink na nkang,
wahala yi no dei.

Ting wey yi no fain
na dis one wey
man de drink mimbo
sote yi carry ala
man yi woman go sleep'am for bush!
Na which kain nonsense be dat?

Some man de for this grong
wei yi no sabi say some man yi chop
na some ala man yi poison?
If mimbo no gring you you,
Mek you lef'am so;
Mimbo no be melecin for die!

Radio-One-Battery

Some pipo dem dei for
upside wey dem own wok
na daso radio-one-battery!
I mimba say wuna done
meetup dat kain pipo dem plenti.
dem hear one ting,
dem go tok two.
dem hear two ting,
dem go tok four.
Some taim sef dem de tok
ting wey dem no hear'am.
Dis one na daso Kongossa!

Some pipo dem de call
Dat kain pipo say *town* crier.
Town crier na two side cutlass,
French pipo call dat kind pipo say
Radio trottoir, dat mean say
Radio for corner road!
Radio trottoir na two side cutlass.

Radio-one-battery,
Dem fit burn Kontry
wey dog noba piss finish!
Mek wuna lookot dat
kain pipo dem.
Dem dei like bushfire
for dry season.

Wuna sabi say man wey yi de tok
Sote yi no de hear twelve
Na popo lie man!
Radio-one-battery dem na lie pipo!
Mek you hear de ting dem de tok.

Juju Kalaba

Wuna sabi ting wey dem
de call'am say juju kalaba, no?
Na dat ting wey yi de mek
small pikin no fit sleep for nite.
If you de waka up and down
for dis grong de daso do bad ting,
You no fit sleep for nite.
You go daso de mimba
de bad wey you done do'am for ala pipo.
Dat one na youa own juju kalaba!

If you de sleep ala man yi woman,
You no fit sleep for nite.
You go daso de mimba say
Dat woman yi man
Yi go fain magan kill you wit'am
Dat one na youa own juju kalaba!

If you de waka hope eye
For pipo dem,
De take dem kaku
You no fit sleep for nite.
You go daso de mimba say,
De man wey I done take yi kaku so,
Yi fit fain magan come kill me.
Dat one na youa own juju kalaba!

If you de waka chop ala pipo dem moni,
You no fit sleep for nite.
You go daso de mimba say
dat man fit send thunder for you!
For nite you go daso turn turn for bed
Like woman wey yi wan born.
Dat one na youa own juju kalaba!

If you de tok lie-lie tok
You no fit sleep for nite
Sote youa head yi sleep.
You go daso de mimba say
All dat lie lie tok wey you done tok'am.
Some man yi fit sabi'am
Dat one na youa own juju kalaba!
Wuna nye say Abakwa juju
Dei upside kain kain, no?
Mek wuna change tory,
Take ala one penya-penya!

Mami Africa

Wuna pikin for Mama Africa,
Mek wuna sabi say God yi like
Wuna taim no dey.
Mek some man no cosh God
Forseka say yi kanda black!
Mek some man no laugh God
Forseka say yi no de tok
for yi nose like oyibo!
Mek some man no ba-hat God
Forseka say yi nose no long
like mukala yi nose!
Mek some man no cry barlok
Forseka say yi biabia no long
like nassara yi biabia!
God yi like wuna taim no dei.

AlL man for dis grong na di same
We get two foot,
We get two eye,
We get two hand,
We get two ear,
We get one mop,
We get one nose,
We get de same red blood.
We get one mulongo.

If you waka for upside,
you go meet-up pipo
Wey dem kanda red like pepper!
You go meet-up pipo
Wey dem kanda yellow like banana!
You go meet-up pipo
Wey dem kanda black like charcoal!
All we na God yi hand-wok.
All we na pikin for God.
Some papa dei wey yi no like yi pikin?
Dis one na daso panapou.

Laugh!

Wuna wey wuna done waka
for upside plenti,
wuna sabi say laugh
dem dei kain by kain for dis grong?

Some pipo dem de laugh like fish,
daso for one corner for dem mop.
Dat one na daso lie lie laugh.
Na kain one wey ma tara dem
for America dem de laugh.
Open mop clos'am back nchouat!
Like frog wey yi de drink wata.

Some pipo dem de laugh
like say na by force laugh:
Wissh! wassh! Wissh!
Like say na rain de fall!
Na dat kain laugh wey
ma kombe dem for Paris dem de laugh.

Some pipo dem de laugh
like mboma:
Krrrrh! Krrrrh! Krrrrh!
Open mop sotai tchotchoro dem fit
Run enter for inside!
Na so mimbo-eye pipo for Pretoria
dem de laugh.

Some pipo dem de laugh
like say dem de cry.
Yeeeeh! Yeeeh! Yeeeh!
Na dis kain laugh wey poor man yi de laugh
Laugh but laugh no de commot.

Some pipo dem de laugh
like cow:
Hooh! Hoooh! Hoooh!
Laugh sote yi be like say
Like chain foot de pass!
Na kain laugh wey ma *sauveteurs* dem
For *Marché Mokolo* dem de call'am say:
La vache qui rit!

Some pipo dem de laugh
like say dem de blow na horn for moto:
Prrrrr! Prrrrrh! Prrrrrh!
Laugh sote dem go hear'am for Nkongsamba,
Dis one na laugh for akwara man pikin!

Man-Mountain

Any kontry get yi own man
wey yi done do wanda.
Na dat kain man wey dem de call'am
say Man-Mountain.

For America,
Martin Luther King Jr.
Be fight sote yi mouf all black pipo
For back moto yi come put dem for before moto,
Na yi be America pipo dem own
Man-Mountain

For Haiti,
Toussaint Louverture
Be fight sote yi mouf all black pipo
For *njock-massi* for French pipo dem hand,
Na yi be Haiti pipo dem own
Man-Mountain

For Guadeloupe,
Louis Delgrès
Be fight sote yi mouf all black pipo
dem for suffer for mukala dem hand,
Na yi be Guadeloupe pipo dem own
Man-Mountain

For India,
Mahatma Ghandi
Be fight sote yi mouf all India pipo dem
for British pipo dem hand,
Na yi be India pipo dem own
Man-Mountain

For South Africa,
Nelson Mandela
Be fight sote yi mouf all black and colored
pipo dem for Afrikaner pipo dem hand,
Na yi be South Africa pipo dem own
Man-Mountain

For Ghana
Nkwame Nkrumah
Be fight sote yi mouf all Ghanian
pipo dem for British pipo dem hand,
Na yi be Ghana pipo dem own
Man-Mountain

For Guinea
Sékou Touré
Be fight sote yi mouf all Guinea
pipo dem for French pipo dem hand,
Na yi be Guinea pipo dem own
Man-Mountain

For Zaire
Patrice Lumumba
Be fight sote yi mouf Congo
pipo dem for Belgian pipo dem hand,
Na yi be Zaire pipo dem own
Man-Mountain

For Cameroon
Reuben Nyobé
Be fight sote yi mouf Cameroon
pipo dem for wahala for French pipo dem hand,
Na yi be Cameroon pipo dem own
Man-Mountain

For Zimbabwe,
Robert Mugabe
Be fight sote yi mouf Southern Rhodesia
pipo dem for wahala for British pipo dem hand,
Na yi be Zimbabwe pipo dem own
Man-Mountain

For Zambia,
Kenneth Kaunda
Be fight sote yi mouf Northern Rhodesia
pipo dem for troble for British pipo dem hand,
Na yi be Zambia pipo dem own
Man-Mountain

For Mozambique,
Samora Machel
Be fight sote yi mouf Mozambican pipo dem
for worry for portuguese pipo dem hand,
Na yi be Mozambique pipo dem own
Man-Mountain

Dis kain pipo
Mek wuna no take dem play jambo.
Wuna show dem respect
Wheda dem done meng
Or dem de waka for dis grong.

Bastard Tok

Some ting dei wey yi
done pass ma sense.
Dis one wey ma own kontry
pipo dem done lef dem own kontry
tok dem daso de tok na mukala tok so,
Dat palava yi done pass me!
Turu turu,
Dat one yi mean say wheti?

For Ngola,
We get tok for Bassa,
We get tok for Bamunka,
We get tok for Banso,
We get tok for Bali,
We get tok for Duala,
We get tok for Ngemba,
We get tok for Essimbi,
We get tok for Tupuri,
We get tok for Ewondo,
We get tok for Mbouda
We get tok for Medùmba,
We get tok Eton
We get tok for Bakundu,
We get tok for Bangwa,
We get tok for Bakweri.
We get tok sote pass two Hundred!

Wheti mek we no fit learn
We own pikin dem all dis tok dem for sukulu?
Na shame de do we or na daso foolish?
You want pass for any corner,
Na soso 'I was'
You want situp for any side,
Na daso 'Moi parler toi parler'
Wheti be we own self wit dis bastard tok dem?

Taim wey you go for village
for do kontry fashion
you go tok na 'I was'?
Taim wey you go for kontry for cry die,
you go cry die na wit 'moi parler toi parler'?

Taim wey you go for village
For knack door for marred some nga
Wey you want marred'am
You go knack door na for French?

Mek wuna no begin fool wuna sef!
White man tok na daso bastard tok.
You no fit lef youa own tok
Go take some ala man yi tok
begin mek nyanga wit'am!

Kontry tok na we own culture.
Kontry tok na we own tradition.
Kontry tok na we own identity
Kontry tok na we own life
Make wuna no make erreur!
Nassara tok na daso allo.

Wowoh Dream

Some sango yi be want
marred number two woman.
But yi no be sabi how wey yi go do'am.
Forseka fear wey yi be de fear
for tok'am for yi nyango for long.

One day some sense
come enter for yi kongolibon head.
Sango mimba say better yi tok
dat *aff* na for inside dream.

Taim wey sango wit nyango dem done
nang for bed sango mek like say
yi done sleep sote yi dream.
Inside dat *allo* dream sango tok say:
Man pikin no fit marred daso one woman,
Woman wey yi no like mbanya,
mek yi pack yi kaku yi commot!

Taim wey nyango done hear dat dream
Yi sabi one taim say yi massa
wan take number two woman.
Ala day, taim wey sango wit nyango done sleep,
Nyango too mek like say
yi done sleep sote yi dream.
Inside dat lie lie dream nyango tok say:
Man wey yi want marred number two woman
Mek yi tie yi kanda fain fain!
Na so dis kain bad dream dem dei.

Wheda you be bookman
Or you be half-book man.
Wheda you be teacher
Or you be sukulu pikin.
Wheda you be man
Or you be woman
Wheda you be Pa
Or you be Ma
Wheda you be small man
Or you be *capo*.
I mimba say you sabi dat'shooting star'
Wey dem de call'am say Bate Besong.
Or BB for short.
Dat man be na ACE for Cameroon.

Forseka yi book,
Plenti pipo dem sabi
yi wey dem noba meetup yi.
Forseka he cosh wey yi be de cosh
Tif pipo dem for gomna,
plenti suffer pipo dem be like BB.
Some pipo dem say BB
yi book strong taim no day.
Ala one dem say BB yi book
na daso cosh full-up for inside.

BUT

Mek I tell wuna some ting:
De ting wey pipo no be
like'am for BB yi book
Na yi turu tok.
BB be daso tok yi turu:
You tif, BB go say you done tif,
You lie, BB go say you done lie,
You chop pipo dem moni, BB go say you
done chop pipo dem moni.
Na so BB be dei yi.
BB no be de fia yi some man.

ME,
Na di ting wey yi mek
I like BB taim no dei
Taim wey yi be die,
I be cry sotai ma eye red.
But no be wuna sabi say,
God yi case no get appeal?
BB be na bookman,
BB be na strong man,
BB be de worry like ntumbu,
Na de ting wey yi mek I sing 'Requiem
for de Genuine Intellectual'
I no be writ'am na for ma own voum,
I be writ'am for take'am cry die
taim wey Obassijom Warrior yi be lef we!

King No Be Swine

King na Lion,
King na Pawa,
King na Sense,
King na Respect;
King na Tradition

BUT

King no be Swine!
Dis ting wey king de marred
woman pass mark yi no fain at all!
How one man go marred
Sote twenty, forty, fifty woman?
I mimba say dat one
na daso foolish.

Wheti one man pikin
fit do wit twenty woman?
King get na twenty *bangala*?
One woman sef na plenti wahala.
Before twenty?
Before forty?
Before fifty?
I mimba say we king dem
de daso fain die.
Dat one na craze!

No wanda king dem de die like tse-tse fly,
forseka dem de knack skin too much!
How wey dem de knack kanda,
Na so too dem de shit pikin like swine!
Wou go lookot all dat plenti
pikin dem taim wey king done die?
No wanda plenti king-boy
dem na daso san-san boy.
No wanda plenti *moh ntoh*
Dem na wolowoss.

I mimba say we fit change
dis kain fashion:
One king,one woman na de way!
Na so de matter must to be.
No go carry plenti woman
wey dem go come gif you high blood.
Kontry fashion must to change!

Haya-Haya

Hurry-hurry broke trosa!
Na so some man be tok yi ting.
We de run go na for wusai?
Small, small catch monkey!
Mek wuna no begin run
nine-ninety for nating.

Small pikin wey dem born'am
daso yesterday yi want do ting
wey papa for yi papa no be do'am.
Small girl wey dem born'am
daso today yi want do ting
wey mami for yi mami no be do'am
Na which kain wuru-wuru be dat one?
Mek wuna take'am molo-molo.
Man no fit run pass yi own shadow!

Hurry-hurry broke trosa!
Mek wuna take'am nayo-nayo!
Opportune come bus one.
Na forseka dis hurry-hurry
wey anyday you de hear say
Massa So-So-Na-So done sell
yi woman for *famla*.

Na forseka dis hurry-hurry
wey anyday you de hear say
Missis So-So-Na-So done *toum*
Yi massa for *nyongo*.

Na forseka dis hurry-hurry
wey anyday you de hear say
dis broda done gif yi sista for *Koupe*
Mek wuna sabi say how wey you fix youa bed
Na so you go nang for dei.

Sex Machine

Na turu say wanda yi no go
ever finish for dis grong.
dis one wey marred woman
yi de carry skin jump for inside
aeroplane daso for go wok
ashawo for white man kontry
yi done pass my head.

Massa dei for hose
Wit yi pikin dem de mimba
say yi moumie done
go daso na for waka.

BUT
Nyango done go na for
wok yi moni!
Na which kain barlok be dis one?
Woman want come back for Nassara
kontry yi go bring moni like san-san.

BUT

Nyango too done tut sick like wata!
Moni palava, na helele-oh!
Wheti we fit do for stop this
kain bad fashion for we own kontry?
We woman dem done
turn be na daso sex machine!
Papa, God helep we!

Chop-Broke-Pot

If you born youa pikin,
You put yi name say
'Chop-broke-pot',
Mek you sabi say you
done spoil dat pikin finish.

Chop-broke-pot
na name for dat pipo
wey dem de chop sote
dem no de mimba tomorrow:
daso chop, daso chop,
Crack! Crack! Crock! Crock!
Na so Chop-broke-pot dem dei!

Chop-broke-pot dem de chop
sote dem lick las for pot!
Na so chop-broke-pot dem dei.
Anyday na daso sataka for dem.
Cruck! Cruck! Crack! Crack!
Dem deI like white ants.

If moni no dei for buy chop,
dem go borrow'am for some ala man.
If dem no fit borrow'am,
dem go *ndok.*
If dem no fit *ndok,*
dem go *kick.*
Na so chop-broke-dem dei.
Na barlok pipo!

NAH MBIA,

I de tank you plenti for dis suffer
wey you suffer forseka me.
If no be you,
wusai I for commot today?

NAH MBIA,

I de tank you popo for dis wahala
wey you see'am forseka me.
If no be you,
wheti I for be today?

NAH MBIA,

I de tank you taim no dei
for all dis nite dem wey
you no sleep forseka me.
If no be you,
wou I for be today?

NAH MBIA,

How wey I de waka up and down
de fain my own garri,
mek you sabi say
I de mimba you any taim.
Man fit get ala woman,
But man no fit get ala mammy.

Marred

Dis ting wey we de call'am
say marred na wheti sef?
Some pipo dem de tie
marred wey dem no sabi
wheti wey dem de do'am.

Dem no sabi turu turu
wheti marred yi be.
Today dem dei for inside marred;
Tomorrow dem dei for outside marred.
Today dem dei for *Mairie;*
Tomorrow dem dei for *tribunal*

Na which kain marred dat?
Marred no be jambo:
You send youa hand,
You pick youa own.
If yi no fain,
You throway'am!,
Vous avez déjà vu quoi?
Wuna done see wheti?

IF

If marred no correct for you,
No even tchook youa hand for inside.
If you try,
wuna go daso be like arata and pussy for long.
Daso mek gra-gra for hose!
Marred na tie-hat.
If man no tie- hat,
Yi fit sleep wit woman for hose?
If you woman no tie-hat,
Yi fit sleep wit man pikin for hose?
Melecin for marred no dei
pass tie-hat.

Die Na Massa

As we de waka go up and down
for dis grong mek we de mimba
say anyman yi carry
yi own die for yi skin.

Die no sabi moni man,
Die no sabi man wey yi own no dei,
Die no sabi old man,
Die no sabi small pikin.

Die no de fia some man

Die no sabi lieutenant,
Die no sabi commissaire,
Die no sabi commandant,
Die no sabi député,
Die no sabi prime minister,
Die no sabi president!

Die no de knack hand for some man

Die no get enemy.
Die no get kombi.
Wheda you be *longo-longo*
Or you be *kajere* short,
Wheda you fat like hippopotamus
Or you small like needle
Wheda you fain like mami wata
Or you wuo-wuo like tortoise
One day,one day,
Die go tell you say:
Mola, come we waka!

Teacher

Teacher,
Oh ma teacher!
Na you done open ma eye
for call white man yi book.

Teacher,
Oh ma teacher!
I go daso de mimba you.
Na you learn me correct tok,
Na you learn me good fashion.

Teacher
Oh ma teacher!
I go daso de mimba you.
I no get mop for tak'am
tank you correct
For dis fain fain wok,
Na daso God go pay you.

Teacher,
Oh ma teacher!
I tank you plenti, ma teacher!

Lion Man

Dis one na ma own salute
wey I de throway'am for
Lion Man for Ntarikon.

Come rain, come sun,
We go daso de mimba you.
Lion Man for Ntarikon
forseka de ting wey you be
do'am for 1990 for Ntarikon.
Na which man be fit do
de ting wey Lion Man be
do'am for Ntarikon?

Na which man be fit
mimba say yi fit mouf we for
dis suffer wey chop-broke-pot
dem done put all we for inside?
No be na daso Lion Man for Ntarikon?

Just Now

Plenti tok done commot:
Some pipo dem say Lion Man
done tif moni.
Ala one dem say Lion Man
de chop for one pot
wit chop-broke-pot dem.
Dis kain tok yi
done pass me.

Ma own tok wey I go tok'am
be daso say all dis tok
na cry for swine!
All man for dis kontry sabi
say Ni John Ndi de tok na yi turu tok.

Me

I sabi say dat kanas Man for Ntarikon
na Man for De Pipo
yi wan gif pawa for de pipo.
I salute you!
Lion Man for Ntarikon!

Moni

Moni na fain ting,
Moni na fain kombi

BUT
Moni no fit buy all ting.
Some pipo dem get
moni like san-san

BUT

Dem no fit take dat moni buy sleep.
Some pipo dem get
moni like wata

BUT
Dem no fit take dat moni put
peace for dem head.
Moni na fain ting.

BUT
Man no fit take moni buy glad.
Some pipo dem get
moni like *barekete*

BUT
Dem no fit take dat moni buy pikin.
Make wuna sabi say moni
No fit buy all ting.
Moni na waka man:
Today yi dei for you;
De next day yi dei
for youa nebo.
Na so moni yi be.

Akwara

Akwara de sleep plenti man pikin!
Akwara no get hose,
Akwara no get massa,
Akwara no get pikin,
Akwara no like some man,
Yi like daso *nkap*.

Ashawo

Soso waka up and down:
For Tiko you dei!
For kumba you dei!
For limbe you dei!
Même for Douala you dei!
For Yaounde you dei daso!
Na waa-oh!

Akwara

Wheti you de waka waka
Up and down de fain'am?
Hein, Ashawo?
Na youa ting loss?
Na dog lick youa *nyas*?

Ashawo

Sick full-up for upside
you no de ya?
Cut posa full-up for upside
you no de fia?

Akwara

Die de for upside
you no de fia die?
Moni done finish for upside
You no de ya?

Ashawo
Turn back for kontry, oh!
Go wok farm for village, oh!
My sista,
wok for ashawo na suffer,
yi trong pass wok for farm!

Njangi

For Africa,
Ngangi dei kain-kain
We de drink njangi for man pikin
We get njangi for woman pikin,
We de hold njangi for moukoussa,
We get njangi for butcher dem,
We de drink njangi for farmer dem,
We get njangi for *bend skin* driver dem.
We get njangi for taxi driver dem.
We get njangi for *pousse-pousse* driver dem.

BUT

For Mukala kontry,
dem de get njangi for lesbian,
Dat mean say woman pikin wey
yi knack kanda wit ala woman pikin!

For Nassara kontry,
Dem get njangi for homosexual dem,
Dat mean say man pikin wey
Wey yi de knack kanda wit ala man pikin!

For Oyibo kontry,
Dem de get njangi for bisexual,
Dat mean say pipo wey dem say
dem be man pikin and woman pikin de same taim

Dem get sef njangi for transexual dem,
Dat mean say pipo wey dem done
deny say dem no be man pikin or woman pikin

Dem get sef njangi for pipo
wey dem de chop daso banga.
Dem get sef njangi for woman dem wey
Dem no want born pikin!
I say Nassara kontry na waya-oh!
Na waa-oh!

Taim Na Moni

I be done tok dis tory before
I go tok'am again
forseka say basket
for tory no de ever full-up.

Mek wuna sabi say taim na moni.
If you use youa tain popo,
You fit be moni man;
If you no use youa correct,
You go daso be poor man.

Sef for sukulu,
Pikin wey yi put yi head for book,
Na yi go sabi book.
Pikin wey yi de daso play wit taim,
Yi no fit sabi book.

Before, before, taim wey pipo
dem no be de wok for office,
dem be daso take cutlass
hold road for farm.
dem go tchapia farm sote nite come.
Taim wey rain fall,
Dem go wok chop wey them
Go fit chop'am for one year!

Today fashion done change.
Man pikin de commot for office,
Yi take daso road for off-licence!
Yi sule jobajo sote crish!
Na which kain bad fashion be dat one?
Mek wuna sabi say
grong no de fool man;
Na man de fool grong!

Calé-Calé

Wheda you dei na for Bamenda,
Or you situp na for Batibo
Wheda you dei na for Ngoketunjia
Or you de na for Nkongsamba,
You sabi dat ting wey dem
de call'am say calé-calé?

For nite taim,
Soja wit police pipo wit gendarme
dem come broke youa hose,
throw-way pikin and papa dem for upside,
nyoxer mami before dem tif moni wit kaku commot!
Na which kind kontry be dis?

Man de for yi own kontry
But yi dei like say yi be na stranger?
Man no fit sleep sote yi head sleep!
Soso fia, daso check!
Na which kain troble dis?
No be dem be tok say taim wey
Nassara dem go commot we go ya fain?
Wusai de fain de?
Me, I mimba say wahala yi done pass mark
For dis we own kontry.
Or I lie kontry pipo?
Better mek Nassara dem
Turn back come be we massa.

Marred Online

Taim wey I be tchotchoro,
I be hear say taim wey man pikin
Yi want marred *moumie*,
Yi go waka for all corner for
village sote yi nye
yi own titi wey yi fain for yi.

Taim wey yi done see yi own nga,
yi go send yi papa and yi mama
Mek dem go see papa and mama
for dat nyango wit mimbo and kola.
dat one dem de call'am say knack-door.
Dem go ask hand for dat nyango
Wey dem pikin want marred'am.

If de nyango gring,
dat taim dem go pay *lobola*.
Dat mean say dem
go buy de woman.

Today fashion done change.
Taim wey man pikin yi want
marred some woman
yi go daso take yi chair
go situp for internet
yi de nye picture for all kain kain titi
dem wey dem de fain man pikin for marred'am.
Mukala dem de call
Dis kind marred say 'Online dating'
I done nye dis palava so,
I shake ma head,
I say dis one na daso lie-lie marred.

I done check my
head for dis matter
sote yi done pass me.
How man pikin go marred
woman for internet?
Woman wey yi no sabi'am

Papa wit mami for dat nyango
Dem de sleep na for inside internet?
I de wanda!

45

Nassara

Wuna sabi dat people wey dem
de call'am Nassara no?
Na koni pipo number one!
Any Nassara na two side cutlass:
Cut for front, cut for back.
Na so Nassara dem dei:
Nassara de laugh wit you
but yi de kill you de same taim.

If you de chop wit Nassara,
Mek you de tchop wit long long spoon
forseka Nassara na two side cutlass.
Cut for right, cut for left.
Na so Nassara dem dei:

Nassara yi laugh na yi cry;
Yi cry na yi laugh
Mek wuna lookot dem
forseka Nassara na two side cutlass.
Cut for front, cut for back.
If Nassara say situp for here,
Mek you daso run!
If Nassara say come for here,
Mek you daso run!
forseka Nassara na two side cutlass.
Cut for right, cut for left.

Na some man be tok say:
fain Nassara na daso de one
wey yi dei inside bury grong!
Some tok no pass dis one.

Bayam-Sellam

Monsieur!
You see dat man wey
Yi sanja done tear tear so?
Na bayam sellam.
No laugh yi oh!
Yi get three pikin dem for
Varsity for Ngoa-Ekelle.

Madame!
You see dat woman wey
Yi waka wit *sans con so?*
Na bayam-sellam.
No laugh yi oh!
Yi done tie five
hose for *quatier* Longkak.

Mademoiselle,
You see dat sango wey de
shweat under sun so?
Na bayam sellam
No laugh yi oh!
Yi get ten *boutiques*
for dem village.

Monsieur, Madame, Mademoiselle,
Mek wuna sabi say:
Il n'y a pas de petit métier!
Dat mean say some wok no be dirty wok
Moni no get smell,
Moni no get color,
Moni no get name.
Moni na daso moni.
Sef moni for bayam sellam
Na moni daso.

Papa & Mami

Mek anyman yi honor yi mami wit yi papa.
Anyman wey yi honor yi mami wit yi papa,
Yi go carry glad for God for yi head.

Anyman wey yi honor yi mami wit yi papa
God go choose all yi bad for dis grong
Anyman wey yi gif respect for
Yi mami wit yi papa
Yi own pikin too dem go gif
Yi plenti respect.

Anyman wey yi ya mop
For yi mami wit yi papa
Yi own pikin dem go
ya yi own mop.

Mek anyman yi gif glad for
Yi mami wit yi papa.
Forseka say God go gif
you plenti glad for dis grong.

De good wey anyman yi de do'am
for yi mami wit yi papa for dis grong,
God yi no fit forget'am.

Chop Die

Some tif man yi be
dei for we village,
Dem de call yi say
Massa *Chop Die*
Yi popo name be be na
Noh keumba
Wey yi mean say:
Foolish man yi like yi enemy!

Dis Massa Chop Die
Yi be tif sote taim yi no dei.
Yi tif moto,
Yi tif bicylce,
Yi tif motorcycle,
Yi tif chop,
Yi tif moni,
Yi tif gun
Yi tif stone,
Yi tif sef pikin!
Ah!Ah! na which kain
Tif man be dis one?
Pipo dem de wanda!

Anyhow, ninety-nine day
for tif man,
One for di owner!
One day mbele dem be
tcha Chop Die!
Dem take'am go lock'am
For gata!

Anyday, anyday wada dem de send
Chop Die and some ala gata pipo
Mek dem go wok for prisoner farm.
Anyday, anyday Chop Die yi de pass tif
some Pa yi mimbo for inside bush.
Dat Pa want come for mouf yi mimbo
Yi daso meetup na empty calabash.
Ah! Ah! Wheti done do dis mimbo?
Dat Pa yi de wanda!

One day dat Pa yi moyo come
tell yi say bo'o:
Na some gata man
de pass tif youa mimbo.
Me I done take my own eye I see'am.

Na turu-turu tok?
Ah! Ah! Me I de tok
na wit wata for ma mop?
All rite! Palava no dei!,
We go see which man pass yi kombi.
Na so dat Pa yi be tok.

How wey dat Pa yi be done vex number one,
Yi be go for yi hose yi take botro,
Yi grind'am fain fain
Yi go put'am for inside dat calabash mimbo!

Some day again,
Chop Die come pass yi tif
da Pa yi mimbo.
Barlok!
Chop Die be sabi for wusai
say yi de tif na poison?
Yi be sabi for wusai say yi de tif
Na daso yi die?
Taim wey yi be sule dat mimbo
finish one taim yi commot
for yi chair yi fall for grong
keuleum like frutambu!
Na die yi done die so!

My own kontry pipo dem
Mek wuna sabi say tif man fit run
But yi no fit hide!

Na de ting wey yi mek,
We de tok say,
Ninety nine day for tif man,
but daso one day for di owner.
Man wey yi de check yi head for go tif,
Mek yi check yi head fain!

Elephant Beef

Wuna sabi de ting wey
dem de call'am elephant beef?
Na dat kanda wey wuna de knack'am
anyday,anyday so wit wuna nyango for long.

Massa,
Na wheti you de waka for nyango
yi back like dog?
You no sabi say dat kanda na
elephant beef wey yi no de finish?
No begin hambug youa sef for nating!

Mami,
Na wheti you de waka for sango
yi back like pussy?
You no sabi say dat kanda dei like
Wata for River Sanaga
wey yi no de finish?
No begin knack youa skin for nating!

Nyango wit sango dem,
mek wuna no de knack skin,
forseka *nyoxer*!
Na elephant beef weh yi no de finish!
You chop'am, chop'am lef'am commot,
You want come back,
yi dei daso for de same place
Wey you be lef'am.
Mek wuna mimba dis
Shweet tory wey I done knack'am today.

God Dei

Mek wuna sabi say God yi dei.
If you do me bad,
Na God go pay you
No be me!

Mek wuna sabi say God yi de see all we.
If you do me good,
Na God go pay you
No be me!

Me, I no de ba-hat me some man.
If you mimba say you go
do me bad forseka say ma
own no dei,
Na God go ansa you.
Cow wey yi no get tail,
Na God di drive yi fly.

Dis grong na wandaful.
You do me ba-hat today,
Tomorrow some man go
do you ba-hat.
Na so dis grong yi dei.

Dis grong na wandaful.
You do me good today,
Tomorrow some man go
do you good.
Na so dis grong yi dei.

Dis ground na wandaful
Today you dei for up,
Tomorrow you dei for dong.
Na so dis grong yi dei.
If you put bad ting for grong
Na daso bad ting you go mouf'am.
If you put good for grong,
Na daso good you go mouf'am.
Na so dis grong yi dei!

Moni For Njangi

Moni for njangi,
Na for table dem de see'am.
You no fit go for njangi hose,
Situp drink mimbo sote
taim for throway njangi reach
You tell pipo dem say youa
own moni for njangi de na for youa kwah.
Dem de hip njangi na for kwah?

Dis life yi dei like njangi.
If you say you get sense,
do de ting wey sense pipo
dem de do'am.
If you say you get moni,
do de ting wey moni pipo dem de do'am.

If you say you be marred man,
show youa woman
mek pipo dem nye.

If you say you be marred woman
show youa massa
mek pipo
take dem own eye chop christmos.

If you say you get pikin,
Show youa pikin
mek pipo dem see'am.
If you no get some ting,
No tok say you get'am.
If get some ting,
No tok say you no get'am.
Lie-lie tok yi no de pay.
Bep! Bep! Too yi no de pay!

One & Di Same

Wheda you be white man
OR
You be black man
Wheda you be francophone
Or
You be anglophone
Na daso one and de same ting.

Wheda you be graffi
Or
You be man for coast man
Wheda you be bassa
Or
You be bakweri
Wheda you be ewondo
Or
You be bamoun
Na daso one and de same ting.

Wheda you be you be bami
Or
You be bafia
Wheda you be bakundu
Or
You be banso
Na one and de same ting.

Forseka say if you cut my kanda,
And I cut youa own kanda,
Na daso one ting go commot
And dat ting na blood!
And di color for dat blood na red
For all man!

Taim wey we die,
Dem go put all we for inside coffin,
Dem go gif'am for ntumbu mek dem chop'am
Dem no go dry some man yi beef for on top sick!

So my broda dem wit ma sista dem,
Mek wuna no de bend back for nating!
All we na daso grong kaku.
White man die,
dem put'am for bury grong
Black man die,

dem put'am for bury grong
Francophone die,
dem put'am for bury grong
Graffi die,
dem put'am for bury grong
Coast man die,
dem put'am for bury grong.
Dem no go dry some
man yi beef for banda!

Over Sabi

Dis wan na popo tok.
Over sabi no de pay!
If two over sabi pipo dem
sleep for hose,
dem go sleep wit doormot open.
Anyman go daso mimba say
yi broda go wake'up go lock doormot
Na so over sabi pipo dem dei.

Over sabi de bring palava.
If over sabi man yi marred over sabi woman
Marred yi no go waka at all, at all!
forseka say over sabi woman
go tok for yi over sabi massa say
mek you go shweep kitchen
Over sabi man go tok for yi over sabi titi say,
you sef you no fit go shweep'am?
Dem go daso knack mop
sote marred go broke.
Na so over sabi de spoil dis world!

Sense Pass King

Mek wuna no look
Bororo man for yi foot.
forseka say sense pass king.
Bororo man na small no be sick.
Yi sense no small like yi foot.

Mek wuna no look
Fulani man for yi foot.
forseka say sense pass king.
Fulani man na small no be sick.
Yi sense no small like yi foot.

Mek wuna no look
Pygmy man for yi foot.
forseka say sense pass king.
Pygmy man na small no be sick
Yi sense no short like yi.

Mek wuna sabi say some pipo
Dem big na for nating!
Dem big like baobab
but dem sense small.

Mek wuna sabi say some pipo
dem long na for nating
dem long like bamboo
But dem sense short.

Arata

Arata die na yi mop kill'am
Tif man die na yi hand kill'am
Ashawo man pikin die na yi mulongo kill'am
Akwara woman die na yi *cache-manger* kill'am

Mange-mille die na yi langa kill'am
Gendarme die na yi wuru-wuru kill'am
Soldier die na yi gun kill'am
Politik man die na yi two tok kill'am

San-san boy die na yi chop-life kill'am
Driver die na yi motor kill'am
Witchman die na yi witch kill'am
Melecin man die na yi *tobassi* kill'am

Make wuna sabi say
Hand wey yi de mix poison,
Yi no fit commot clean.

Witch Bird

Dis ting wey dem de call'am
Witch na wheti sef?

Witch man,
Dem say you done drink
pipo dem blood;
you say you no de drink
pipo dem blood.

Witch woman,
dem say you de waka for nite taim
humbug pipo dem for sleep;
you say you no de waka for nite taim.

Look just now,
youa pikin done die
no be na you done giv'am
for *famla*?

Look just now,
youa pikin yi pikin done die
no be na you done giv'am
for *nyongo* hose?

See just now,
youa broda done die
no be na you done giv'am
for witch hose?

See just now,
youa sista done die
no be na you done giv'am
for *koupé* hose?
Deny just now mek we see'am,
Witch bird!

Waka-Waka,Tok-Tok

I go Kumba wata
I see someting, wandaful!
Small, small titi,
Waka-waka, tok-tok,
Box for matches hang for dem ear.

I go Abakwa,
I see someting,wandaful!
Small-small san-san boy ,
Waka-waka, tok-tok.
Box for matches hang for dem ear.

I go for Mbanga,
I see someting, wandaful!
Big, big mami,
Waka-waka, tok-tok.
Box for matches hang for dem ear.

I go for Nkongsamba,
I see someting, wandaful!
Big, big papa,
Waka-waka, tok-tok.
Box for matches hang for dem ear.

I go for Bakassi,
I see someting, wandaful!
Big, big ngondere,
Waka-waka, tok-tok.
Box for matches hang for dem ear.

I go for Bertoua,
I see someting, wandaful!
Small, small akwara,
Waka-waka, tok-tok.
Box for matches hang for dem ear.

I say wandaful-eeh, wandaful!
Mukala dem done bring wandaful for Ngola:
For lantrine, waka-waka, tok-tok
For mimbo hose, waka-waka, tok-tok
For church, waka-waka, tok-tok
For cry-die,waka-waka, tok-tok.
Dem say na sick for *cell phone*,
Na wa-ooh!
No be wa, na wawawa!
waka-waka, tok-tok,
na come-no-go!

Tory Shweet

Na some man be tok yi ting say
tory shweet sote tif man laugh for banda.
Some sango be get yi nyango.
yi like dat nyango sote taim yi no dei.

Yi titi want mouf foot
Yi dei for yi back.
Yi want go farm massa
dei daso for yi back
Yi want go for market
Sango dei daso for yi back.
Yi want go sef for latrine
Massa dei soso for yi back.
Ah! Ah, na which kain ting be dis?
Pipo dem de wanda.

Dis ting done pass nyango
forseka nyango be get some
yi 'small ting'
dat mean say yi njumba,
but dem no be fit knack kanda
foreseka nyango yi massa.

One day some sense
come for nyango yi head.
Nyango go for inside latrine,
dig small hole for back de latrine,
daso for de place wey dem
de sitdown before dem shit.
Nyango be cover dat hole
wit dry leaf for banana.

One day pass,
Two day pass,
Three day pass.
Nyango send news for yi njumba
Say mek yi come for so-so taim
Go hide yi skin for
backside dat latrine,
For de place wey
nyango be done dig hole.

Taim reach,
Nyango tok for yi massa say,
Mek I go for latrine.
Sango tok for yi nyango say,

Mek we go!
Ah! Ah, na which kain barlok be dis?

Dem hold road:
Kunya, kunya sote dem reach for latrine.
Nyango tok for sango say,
wait me for ya mek I go shit
I come we go.
All rite! Massa ansa.

Taim wey nyango done look doormat
for latrine yi be open dat small hole
wey yi be done dig'am so.
Yi wit yi njumba dem be
knack kanda sote dem tire!
Sango yi dei daso for doormot
Yi de wait nyango mek yi shit finish!

Sango dem,
mek wuna sabi say na nyango
de lookot yi sef
No be sango!
Nyango dem,
Make wuna sabi say
Na sango de lookot yi sef
No be nyango!
Make wuna no begin make gra-gra.
Bekoz gra-gra de pay!

Glossary

A

Aff	affair, business
Ala	other, another
Allo	lie, lying
Autocentré	self-reliant
Akwara	prostitute, street girl,whore
Anyday	everyday
Anyman	everyone
Arata	rat, mouse
Ashawo	prostitute, street girl, whore

B

Ba-hat	ill-will
Banda	ceiling
Bangala	penis, male genital organs
Barlok	bad luck
Bayam sellam	women who retail foodstuff
Beans	vagina
Belleh	belly
Bendskin	motorcycle
Bep-bep	bragging
Bo'o	my friend
Borrow'am	borrow it
Botro	bottle
Boutique	shop, store
Broke	break
Broda	brother
Bury'am	bury it
Bury grong	cemetery, grave-yard

C

Cache-manger	vagina, sexual organs of a woman
Ca gâte	out of hand
Calé-calé	raid
Call'am	call it
Call book	read, reading
Capo	important person
Chakara	disorder, chaos
Chess	chest
Chop	eat, food
Chop-life	playboy life style
Come-no-go	disease that causes the body to itch

63

Commissaire	superintendent of police
Craze	mad, madness, drunk
Cring	clear
Crish	drunk, mad

D

Dammer	cooked food, eat
Daso	still, continue, only
Député	Member of Parliament
Développement	development
Diba	water
Djim-djim	very big, huge
Djintete	big shot
Docta	doctor, herbalist
Done	has, have
Dong	down, below, low
Doormot	door, threshold
Dross	underwear

F

Fain	search,good
Famla	witchcraft
Fia	fear
Forget'am	forget it
Forseka	because, on account of
Frutambo	deer
Fullup	full of, several

G

Gata	prison, cell
Get'am	get it, has it, have it
Gomna	government
Grandpikin	grand child
Gra-gra	commotion, disorder
Gring	agree, accept
Grong	ground

H

Half-book	semi-literate person
Haya-haya	haste, hurry
Helep	help
Hide'am	hide it
Hip	contribute
Hope eye	intimidation

| Hose | house, residence |
| Hospita | hospital, clinic |

J

| Jambo | gambling, lottery, game of chance |
| Juju | something frigtful, masquerade |

K

Kain	type, sort
Kain by kain	all kinds,all sorts
Kajere	very short person
Kanas	testicules, male genital organs
kanda	cowhide, sexual organs
Kata	catarrh
Katika	big shot, big man, leader
Kelen-kelen	sticky soup
Kick	steal
Knack	knock,hit, worry
Knack kanda	have sex
Knack mop	argue
Kombi	friend
Kongolibon	clean-shaven
Kongossa	gossip
Kop nye	close one's eyes, ignore
Kontry	country, fatherland, village
Kunya-kunya	slowly, one step at a time
Kwah	bag, pocket, purse, hand bag

L

Langa	greed, cupidity, covetousness
Las	buttocks, anus, bottom, vagina
Lie-lie	lies, fake, sham, make-believe
Lobola	bride price
Lock'am	lock it
Long	house, home, residence
Longo-longo	tall slim person
Lookot!	Beware! Watch out! Be careful!

M

Mami wata	water spirit, mermaid
Mange-mille	corrupt police-man (esp in Cameroon)
Man-pikin	man, male, boy
Mairie	mayor's office, city office
Marred	marry, married, marriage

Mash'am	step on, trample on
Massa	master, husband
Matango	palm wine
Mbele-khaki	police-man, cop
Mbutuku	fool, idiocy, silly person
Meetup	meet with, catch up with
Megan/magan	witchcraft
Melecin	medicine, drugs
Même	even
Meself	myself
Metosh	half-breed, metis
Mimba	remember
Mimbo	alcoholic drink
Mimbo-man	drunk, drunkard
Molo-molo	very gently
Moni	money
Moralité	morality, moral rectitude
Mouf	remove, abort, piss off, get out
Mouf'am	(re)move it, take out
Mop	mouth
Moumie	young (unmarried) girl
Mou-mou	deaf and dumb, stupid
Moukoussa	widow
Moyo	in-law
Mukala	white man, European

N

Na	is, it`s, are
Nang	sleep
Nassara	whites, Europeans
Nating	nothing
Nayo-nayo	very gently, very slowly
Ndinga	Guitar
Ndoh	money
Ndok	act of begging
Ndong	sorcery, traditional medecine
Ndoss	witty person
Nebo	neighbor
Nga	young girl
Njangi	meeting, association, thrift society
Njoh	free of charge, for free
Njumba	boyfriend, girlfriend
Nkap	money
Ntumbu	maggot
Nyama-nyama	very small
Nyango	woman, wife
Nyas	buttocks, sexual organs

Nyoxer	have sex

O

Odontol	locally brewed liquor

P

Pala-pala	wrestling
Palava	palaver, matter, issue
Panapou	parable, proverb, idiom, wise saying
Penya-penya	brand new
Pikin	child, kid, baby
Pipo	people
Politik	politics
Popo	very, real, proper
Pousse-pousse	wheelcart
Pouvoir	power
Pussy	cat
Put hand	arrest

R

Rese	sister
Rigueur	rigor
Redressement economique	economic recovery

S

Sabi	know
San-con	rubber made slippers
San-san boy	smart boy, young lad
Sango	man, husband
Sanja	clothes, outfit, loincloth
Sauveteur	retailer of goods
Sell'am	sell it, sell them
Shweat	sweat, transpiration
Shweep	sweep, clean
Shweet	sweet, interesting
Sleep'am	sleep with, have sex with
So-so	only, nothing but
So-so-na	So and So, such and such
Sote	till, until
Stick	tree, wood
Sukulu	School
Sule	drink, get drunk

T

Take'am	take it
Tara	friend
Tcha	arrest
Tchapia	cut down grass (on a farm)
Tchook	pierce, stab, put
Tchotchoro	kids, babies
Tif	Steal, rob, embezzle
Tok	Native tongue, indigenous language, speak
Tok'am	say it
Tory	story, tale, news
Throway	throw it, discard,send it
Tribunal	court, tribunal
Trosa	trousers/pants
Turn	become
Turu-turu	really/truly

U

Upkontry	at home
Upside	outside

V

Voum	bragging, boasting

W

Waa	war
Wah	war
Wahala	suffering
waka	visit, walk
Wanda	wonder
Wata	water
Weh-weh!	Exclamation
Wheti	what
Wey	which,who, that
Wit	with
Witch	witch, wizard
Wok	work, job
Woman-pikin	girl, female, woman
Wowoh	bad, nasty
Wolowoss	prostitute, harlot, whore
Wuna	you
Wou	who
Wuru-wuru	tricksterism, wheeling and deailng
Wusai	where

Y

Ya	hear
Yi	he, she, it
Youa	your
Youself	yourself

Printed in the United States
142356LV00002B/7/P

9 789956 558612